(Conserver la couverture)

ACADÉMIE DES JEUX FLORAUX

ÉLOGE
DE
CLÉMENCE ISAURE

Lu en séance publique le 3 mai 1876

PAR

M. le Comte Félix DE SAMBUCY-LUZENÇON

Un des quarante Mainteneurs.

TOULOUSE
IMPRIMERIE DE LOUIS & JEAN-MATTHIEU DOULADOURE
Rue Saint-Rome, 39.

1876

ACADÉMIE DES JEUX FLORAUX.

ÉLOGE DE CLÉMENCE ISAURE

Lu en séance publique le 3 mai 1876;

Par M. le Cte Félix de SAMBUCY-LUZENÇON,

Un des quarante Mainteneurs.

Platon, — vous le savez, Messieurs, — avait imaginé une République du sein de laquelle, impitoyablement, il bannissait les poëtes. Un tel procédé nous a toujours assez surpris chez un homme qu'on appelait Divin, et qui devait à la poésie même ses plus hautes inspirations. Ingratitude, au premier chef! Aussi cet homme a-t-il été bien et dûment puni; la fille de ses rêves n'a pu naître viable; elle est tombée expirante au début; et vains, stériles ont été les efforts de ceux qui voulurent essayer de la faire revivre.

Mais si la République du Philosophe d'Athènes est morte de l'expulsion des poëtes, il en est une autre qui vit, par cela même qu'elle les attire, leur sourit, et les acclame. — Et celle-là, vous la connaissez : C'est notre Académie du Gay-Savoir...

Institution modèle, tenant toutes ses promesses, traversant les siècles dans sa force sereine, et venant, aujourd'hui encore, s'affirmer par l'éclat des fêtes et par le don des couronnes.

Si l'heure qui s'enfuit permettait une confidence entière, que de belles et excellentes choses n'aurions-nous point à montrer dans cette petite Salente littéraire, dans ce milieu charmant, ce centre, ce foyer autour duquel rien, presque rien, ne nous divise et vers lequel tout nous ramène et nous rapproche; — où l'on croirait entendre, — tantôt les échos, graves, harmonieux, du cap Sunium; tantôt les causeries animées, quelque peu bruyantes, des Jardins d'Académus; — plus près de nous, les chansons, les sonnets du Verger Toulousain; — entre temps, certains éclats, joyeux, humoristiques, relevés d'atticisme et de gaîté gauloise : — éclats contenus, toutefois, et réglés par la main des Grâces, *Gratiæ decentes*.

On y verrait encore, on admirerait...... Mais, il faut être modeste, même dans une Académie comme la nôtre; modeste pour soi, discret pour d'autres; et savoir passer à travers ses gloires, d'un pas rapide, d'un pied léger.

Toutes ces gloires, cependant, à quel titre les possédons-nous; et d'où s'échappent les rayons qui nous réchauffent et nous éclairent? Quel Génie, quelle Fée nous les a départis? Un Dieu enfin, nous aurait-il fait, je ne dis pas : ces loisirs (il n'en est plus pour nous), mais ces plaisirs, plaisirs si délicats, jouissances intimes de l'esprit et du cœur? Dites-le nous...

C'est à vous, Mesdames, qu'appartient la réponse : à vous de prononcer le mot de l'énigme, et à nous de le comprendre.

Mais, il est bientôt compris : Une des vôtres, une femme a passé par là, une femme se trouve au sommet de tout cela : — Clémence Isaure !

A ce nom, voyez comme tout s'illumine, se ranime, s'explique ; à ce nom, s'éveillent et les gracieux souvenirs, et les images riantes, et les émotions pures, et les nobles aspirations...

Et ce nom nous charme toujours; jamais il ne fatigue : pas plus que ne fatiguent l'arrivée du printemps, le retour des trésors et des joies qu'il apporte.

La voilà donc cette femme : — Reine de par la grâce et la beauté, reine de la poésie et des arts, toujours vivante au milieu de nous, nous enchaînant, nous enlaçant dans des guirlandes de fleurs, et promenant sur nos têtes sa main qui tient un lis, le Lis consacré à la Reine du Ciel.

Ah! je ne m'étonne plus de son pouvoir, du salutaire et irrésistible empire qu'elle exerce à travers les âges, et jusque dans nos jours, si agités, si tourmentés. Mais ce rayonnement, ce charme qu'elle répand, ici et au loin; mais cette force dont elle nous pénètre tous, où donc a-t-elle été les prendre elle-même, et d'où vient la vitalité imprimée à son œuvre ?

Ici, pour un instant, élargissons notre horizon,

et agrandissons le cadre, afin de bien reconnaître la lignée à laquelle se rattache Isaure, et de saisir celle-ci plus vite au passage, dans le cortége mystique qui l'entraîne et qu'elle ne dépare pas.

Si je porte mes regards par delà les croupes ombreuses de l'Apennin, j'aperçois au fond d'une rue de Sienne, dans la boutique d'un teinturier, une jeune fille qui travaille et prie. Elle voudrait rester là, toujours, la *poverina*, à genoux devant sa Madone, et ne s'en éloigner jamais.

Tout à coup, le devoir l'appelle ailleurs; une grande voix se fait entendre, et il faut se lever; — aller parler aux princes, aux docteurs, aux évêques, à ce qu'il y a de plus éminent sur la terre, à la Papauté elle-même... Et, alors, ce que la force et l'habileté, ce que le génie des diplomates, ce que le Concile en suspens, n'ont su accomplir, une humble fille va le faire, et le mener à bonne fin... Et le Pontife rentre dans la ville éternelle; et le grand schisme d'Occident est fini!.. Que de merveilles opérées par une femme !.

Dans cette existence, ainsi suspendue entre ciel et terre, y aura-t-il une diversion quelconque, une minute de délassement ?... Oui; pour composer des hymnes, des chants sacrés. Elle aussi aime la poésie, et je me dis alors : « Catherine est la sœur de Clémence; celle-ci aurait couronné celle-là. »

Plus près de nous par la distance, plus près aussi par le temps, au delà des Pyrénées, une autre jeune fille, à la bouche fine et aux grands yeux, s'élève dans un village de Castille. C'est Thérèse d'Avila; une vraie fleur des montagnes, gaie, folâtre, se surprenant, un jour, à lire des romans de chevalerie, — et faisant des vers.

Bientôt, éclairée par la grâce, guidée par le bon sens, elle ne lit plus de romans, comprend la vanité des choses, et se tourne vers le ciel, n'aspirant qu'à la beauté impérissable.

Mais elle reste fidèle à la poésie; compose des stances, des hymnes, des cantiques. Le dirons-nous? Thérèse est sœur de Clémence; et, cette fois encore, la seconde eût couronné la première.

Entre ces deux femmes, saintes et poëtes à la fois, une troisième image apparaît à mes yeux, non moins attrayante, non moins pure; et tout à fait française, car elle est des confins de cette Lorraine, alors aussi courbée, aussi foulée qu'aujourd'hui sous le talon de l'étranger.

Là, tandis que son troupeau se repose, sous le vieux hêtre, au bord de la fontaine, la fille des champs regarde le ciel. Soudain, son visage s'illumine, et elle écoute. Des voix ont murmuré à son oreille. Et, à ces accents, elle part, endosse le heaume et la cuirasse, monte à cheval, entraîne les guerriers; et, son étendard en main, rend la France à la France.

Au milieu de ces événements prodigieux, Jeanne s'adonnait-elle à la poésie? Composait-elle des strophes cadencées?.. En vérité, nous ne le savons pas. Mais ce que nous savons bien, c'est qu'elle aime la grandeur et les gloires de la Patrie; elle a les élans généreux, l'inspiration, l'enthousiasme. Et, puis, les voix qu'elle entendit à Vaucouleurs, ces voix célestes, ces voix des anges, ces voix des saintes ses amies, ces voix ne la suivent-elles pas partout, jusque dans la prison ; et, dans ces moments, Jeanne peut-elle autrement leur répondre que par le lyrisme de l'âme, par les accents de la poésie la plus émue, la plus vraie, et puisée à ses sources les plus intimes?

N'en demandons pas davantage, et attestons sans crainte que Jeanne, notre Jeanne tant aimée, noble par le cœur, noble par l'amour des grandes choses, est sœur de notre Clémence.

Au surplus, si la vierge de Domremy n'a point dicté de vers à sa plume, elle a fait un sublime poëme, l'Epopée nationale..... Et, mieux que Virgile ou Homère pour les anciens, elle l'a écrite, pour nous Français, avec son épée et avec son sang.

Elle inspirait enfin la douce et généreuse Christine de Pisan qui, oubliant ses propres malheurs pour pleurer sur ceux de son héroïne, se redressait bientôt avec elle, dans la gloire de son sexe et dans le triomphe du patriotisme :

« Hée ! Quel honneur au féminin
» Sexe ! Que Dieu l'ayme il appert.. »

La lignée morale, la parenté intellectuelle d'Isaure, la voilà. Il serait facile de la voir s'augmenter autour d'elle, et de l'étendre à d'autres femmes, distinguées aussi, éprises de poésie et d'idéal, et formant une pléiade brillante, aux grandes époques et sous l'inspiration de la Foi ; mais il faut se borner.

Disons toutefois que nous n'entendons nullement ici nous livrer à de vagues théories, à certaines de ces rêves, plus ingénieux, plus agréables sans doute que fondés : celui, par exemple, qui voudrait voir, dans je ne sais quel monde éthéré, des âmes sœurs ou jumelles, se poursuivant à travers le temps ou l'espace, et réagissant, de près ou de loin, l'une sur l'autre; ainsi que, à travers les mers sur l'aile des vents, se répondent et s'avivent certaines plantes des forêts... Non, tout autre est notre but, et moins fantastique la rive que nous voulons atteindre.

Ce que nous prétendons simplement, c'est montrer et faire sentir l'union, la communion des âmes, au sein des fortes croyances, dans les plus beaux âges de l'humanité : âges qui furent, en même temps, les plus poétiques, et qui marquent ce qu'on pourrait appeler l'Age d'or du Catholicisme.

Ce coup d'œil d'ailleurs, nous a paru d'autant plus opportun, d'autant plus nécessaire même, que, à l'heure présente, une tendance s'est manifestée, à l'effet d'enlever la femme aux prérogatives et aux grâces de son sexe, et de l'engager dans des voies qui ne sont pas les siennes, encore moins celles d'une mission venue d'en haut.

N'a-t-on pas vu, dans un certain monde, la femme par trop émancipée ; la femme qui disserte, discute et légifère, faisant des cours publics et de l'économie sociale ; et aussi, hélas ! la femme qui dogmatise? Témoin celle qui, naguère encore, dans des vers dont je ne conteste pas l'effrayante beauté, cherchant à prouver que Dieu n'est pas, se donnait à elle-même un sanglant démenti par l'excès de ses crises nerveuses et par les trépignements d'une colère sybilline contre Dieu, — qui ne cédait pas....

— 8 —

Heureusement, Messieurs, un corps d'élite, un Bataillon Sacré nous reste, et les vaillantes, les heroïnes de nos concours et de nos jeux sont là....., faisant bonne garde du haut de la tourelle; plus d'une fois descendant en champ-clos, et prêtes à défendre le Beau, le Bien, le Vrai, toujours !

Ainsi escortés, ainsi soutenus par d'aimables et courageuses auxiliaires; et, le regard élevé vers notre grande Inspiratrice, il sera facile de nous souvenir que nous sommes les Mainteneurs de son œuvre, c'est-à-dire les véritables Tenants des antiques croyances, des saines traditions et de l'honneur de notre compagnie.

Toulouse, Impr. Douladoure, rue Saint-Rome, 39.

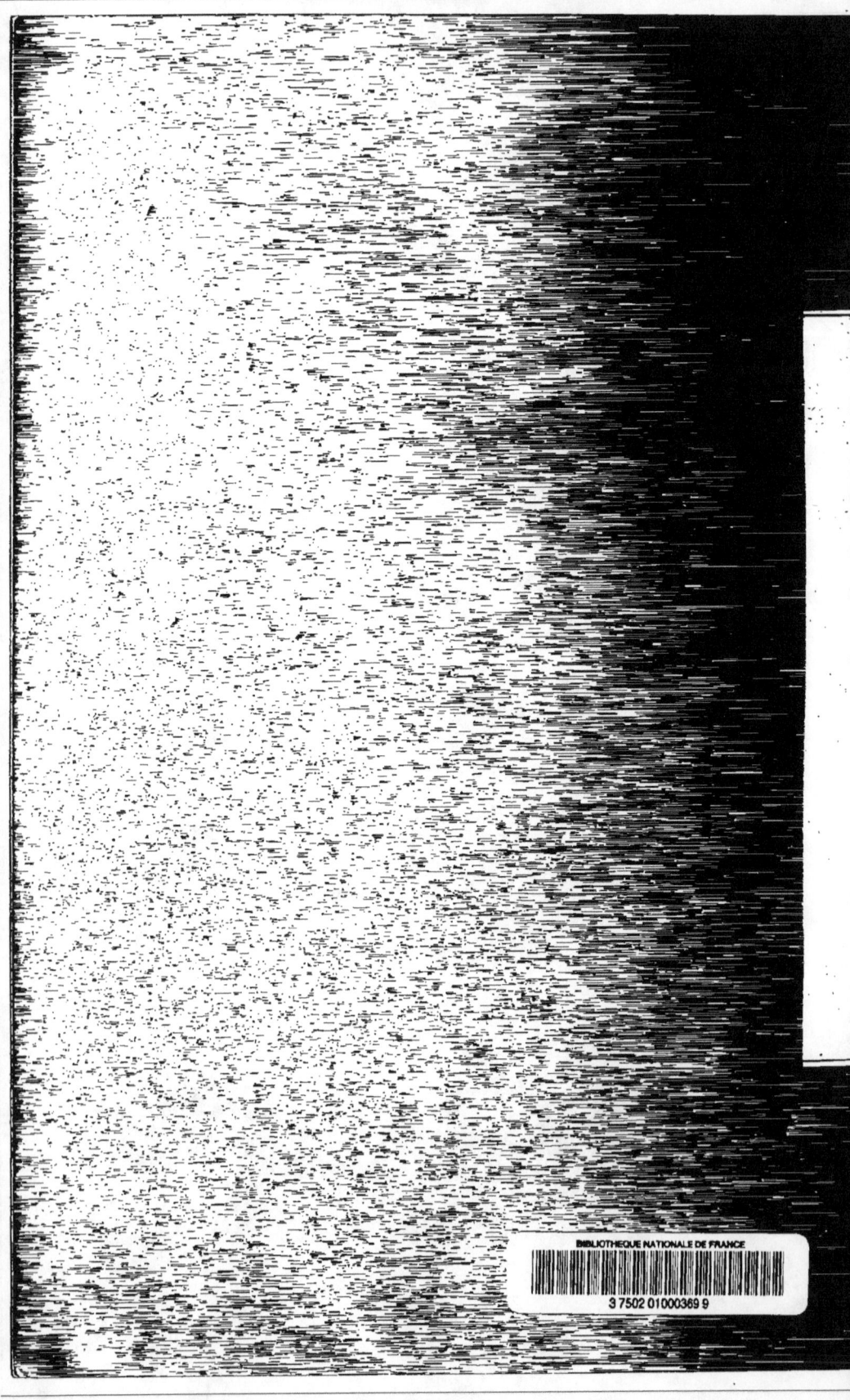

www.ingramcontent.com/pod-product-compliance
Lightning Source LLC
Chambersburg PA
CBHW071448060426
42450CB00009BA/2337